Uređuje
NOVICA TADIĆ

Likovna oprema
DOBRILO M. NIKOLIĆ

Vesko Ivanović

KRIV JE OKTOBAR
pesme

Rad | Beograd
2003

Privitivizam, glupost i mržnja su sveto trojstvo za bujanje nacionalizma, koji je stecište hulja, budala i svih preostalih zala!

MORZEOVA ĆIRILICA

TAČNO U PODNE

U podne tačno gospodin neki uvaženi
okliznuo se na učestali proizvod ulični,
da li ljudski ili pseći, svejedno, domaći
je, i teško ga je izbeći.
Dotični je neprilikom tom glavačke
uleteo u oboreni kontejner, pa se
povredio, jer ulica katkada zlobni je
programer.
Na klinici saznao je povređeni da nije
nedelja brige za starija lica, te mora
platiti sanitetski materijal i zdravstvenu
uslugu nameštanja vilica.
Još su mu rekli da se ubuduće,
opomenut
uličnom bezbedonosnom situacijom
skliskom,
drži čvršće za motku s parolom i
naslikanim
voljenim likom, da ne bi slučajno
ozledio
kakvog rudara kontejnerskog u, ne daj
bože, ponovnom susretu bliskom.

VESELA BUDUĆNOST

Na trinaestom spratu
upadosmo u otvor od lifta,
a padu nema kraja.
Majstori stari nas teše
da u podrumu ćemo stati,
ali ni tu ne bi kraj
naših belaja.
I dalje nam pacovi mozgove
glođu, s majstorima novim
na čelu. Dok kroz memljivu
rupu propadamo, oni za nas
smišljaju budućnost veselu.
Tuđincu zločince domaće
nećemo dati, ne damo naše
heroje. U otvor od lifta
što su i nas bacili,
to majstori novi i pacovi
ne broje. Stoga ćemo ponirati
kroz rupu do, ustreba li,
sudnjeg dana. Da bismo
životnu svrhu ispunili,
kao mentalna pacovska hrana.

U CENTRIFUGI

Onomad, ne davno tako,
pri povratku vlastitom korenu,
usledilo je veliko dobrosusedsko
pospremanje, pa ti mi, kume,
svega siti, kroz prozore bacismo
„Gorenje".
E, onda potraja period u kom smo
ti mnogi kusali korenje.
U međuvremenu naši kućni aparati,
za razliku od vlasnika, proslaviše
šampionske jubileje.
Pomoću kristalne kugle i štapa
peremo, čistimo, kuvamo, drndamo,
patriotski smederevac nas greje.
I šta sad? Iz izloga opet nam
se smeši „Gorenje".
Od pomisli na zaglušni ritam
centrifuge: korenje, „Gorenje",
korenje, gorenje.., nešto me lecnu
u predelu srca. Jer, ovde je pamet
deficitaran aparat, i pre svega se otrca.

„ČIROKI" I INDIJANCI

Nedeljnog jutra jednog u ulici našoj,
umesto ptica u vazduh su poleteli
prozori, ragastovi, komadi zida, krova,
dovraci i odasvuda žbuka,
jer eksplozivnu napravu pod „Čiroki"
postavila je nečija priležna ruka.
Polegasmo, ko u stanu, neko u ulici,
čovek za volanom uključio je brisače,
da se ne bi prepustio panici.
Iz šahta je dopro glas:
– Avaj, mora da je neki bizmismen.
Glas ispod brda šuta je krkljao:
– Ma jok bre, diler drogom, otkopavaj! Dečaci su
  prišli „Čirokiju",
pa stariji reče: – Gle, živ je, ganga je car, naručio je
  za siću blindirani kar!
Tako smo u ulici manje-više
svi sretno pretekli taj sunčani dan,
kada je komšijin „Čiroki"
svojski detoniran.
Otkrila nam je između ostalog
neuspela sačekuša, da su
naše kuće sklone padu,
zbog zidarskog i drugog majstorskog
fuša.
Od nedelje oprezno vršimo
izviđanja u ulici, otkako smo
upoznali bizminsmensku muku.

Sada indijanci nečujno na prstima zaobilaze parkirane džipove
u širokom luku.

DEMOKRA TI I JA

Tajno prati ga, Bubama u mozgu mlati ga.
Javno satri ga, da kao riba na suvom zeva,
dok narodu sluđenom krče creva.
Za to vreme sisoje pravi narodu dosije.
I opet demos neće shvatiti kakvi smo
psihopati – ti i ja, more jok samo ti,
kad ptičica pevne: – kriv ti je nos –
koga briga što je narod gladan i bos.
Ćivu – ćivi, demokratija naša van
kontrole cveta u svakoj šljivi.
Ti i vi ste krivi, samo ne ja, dok svuda
pulsira anarhija. Po potrebi i haos,
kad zapadnem u stvaralačko-patriotski
zanos.
Pa demos više ne zna ko koga prati,
blati i za glavu krati.
Da li ti ili ja, more jok samo ja.
E, to je brale, s tri prsta na
usnama demos krasti ja.

BEKRIJA

U pećini bludim. Podzemlje je naše
razuđeno i bezbedno. Promoteri slave
moje od autorskih tantjema žive ugodno.
Do nedavno smo doduše skupa bekrijali
na brdu, i topovski raspamećivali u
gradu raju. U predasima domaće smo i
strane volove obratili u gostoljubivom
šumskom kraju.
Čuh skoro da je rasprodat milioniti
sa slikom mojom poster, a zamlate
neke riđe me opkolile kao da sam
herpes zoster.
Ipak, teši me što gore pomenuti učenjaci,
vidoviti na peru, kreketala i crkvenjaci,
šire istinu među rajom o herojskom mi
liku i delu. Istorija ovom prilikom ne
laže, narod je ogrezao u četničkom telu.
Podršku čujem i s vrha sante. Pingvin mi
perajima pljeska morzeovu ćirilicu:
– Vo vjek i vjekov rado ćemo te čuvati
u špiljama srca, kao nadahnutu strunu
guslarsku i narodnu uzdanicu.

MESARICA

Po nalogu šefa ludnice blokirali smo
izvoz haške šunke (kompenzacionim
poslom vezanim za izvesne masovne humke),
zbog ličnih poena i da ga, daleko bilo,
ne bi strefila smena. Sa strane druge,
držimo golemo stado ovaca koje ne uzmiču
od noža, ali nažalost, ino partneri ih
neće, pošto su samo kost i koža.
Čuvamo takođe i tovnu stoku s govornom
manom, jer ona ovce filuje ljubavnom
hranom. U krdo mezimaca naših spadaju i
papkarke ljupke sa šiškama, kao i ini
primerci fini zobnica punih pod miškama.
Do sada smo tapnuli samo u škembetu
teleću glavu, no to je gazdi, izvinite
na lapsusu, ne ludnice nego mesarice,
među koljačima po kućama i simpatizerima
donekle zamutilo slavu.

PROTEKTORAT

VLASTI S-KLON

Dok se u svetu negde genetičar važno
prsi osion, ispilih se ko zna koji
u žabokrečini našoj klon, vlasti
svakoj veoma sklon. Od malena umem
onima gore da se uvučem, a druge pod
sobom ili slične sebi s užitkom kopitama
tučem. Ubeđeni sam: komunista, socijalista,
nacionalista, fašista, radikal, demokrata,
vernik ili ateista, rečju, rastegljiv sam
kao kišna glista. Navijam se straga, jer
mozak sam s kamatom iznajmio kalfama
crnog vraga. Škrgućem, kevćem, mekećem,
blebećem i laprdam, između moralnih
obzira i trica o poštenju vešto ševrdam.
Satirem, mazim, odajem u poverenju,
masiram koga i gde treba, pri čemu u ovom
mutljagu za klonovima raste iz časa u čas
potreba.
Gde prerano mrkne i kasno sviće, dockan je
za ljudski spas.

NAVIJAČ

Glede unatoč odsustvu „Torcide"
i „Bed blu bojsa", želja u
mržnji sve je zrelija da
razlupam glavudže bliskih mi
„Delija". Vaspitaše me tako otac
i brat, prvog je u Manituov
zavičaj preselio srbovanja s
vatrenom vodom iz boce duh,
drugom se još iz dana s ratišta
priviđa nečiji kvrcnuti vrat.
Sestre se pak udaše za kriminalce
presvučene u policajce, iliti
udbaše i druge ugledne neandertalce,
što držanje kase i vlasti pod
kontrolom, smatraju svojom
životnom rolom.
Dok se mi raskusuravamo bubotkama
na ulici s milicijom i ostalim
navijačima, a majke naše traže
smirenje u cirki i „apačima"*.

---

* apaurini.

PUTNA HRONIKA

U kanti s trolom izbi dim
od vatrometa na žici,
stampedo ljudski obreo se
za tili čas na čađavoj ulici.
Jedni preko drugih potom
utrčasmo u harmoniku, od
sabijenih ljudi i stvari
nastade lom. Putnike pojedine
strefio je osrednji živčani
slom, dok smo nastavljali
putnu hroniku.
Mene po nosu klepi metli
snop, a pred očima se zavrteo
biblijski kaleidoskop.
– Kljove, pardon, karte na
pregled! – Oglasio je
kontrolor. U buci i zbrci
protutnjasmo kroz raskršće
na kom je crveno svetleo
semafor.
Bez dugmadi na kaputu
stigoh u ludnicu, u posetu
prijatelju. Dežurni bolničar
reče: – Hm, interesantan
slučaj. S nama je i nije,
usled prepunjenosti brojnog
stanja, vodi se na listi
čekanja. Uostalom proverite.

Pacijenti su u parku. Zbog poruka političara narodu, do daljnjeg biće u štrajku.

KRATKI DAH

Na buvljaku dilujem svačim i svim,
a u džepu mi se ubuđao doktorat.
Gore i dole se zapatio ološ u
prostoru rastočenom, idealnom za
protektorat.
Reči iskrene i vredna dela ovde su
kratkog daha.
Hoće li nas Evropa spasiti ili
statiramo tek u igrokazu vlastitog
kraha.
Brojka sam siva u masi prosjaka,
što hteli bi bolje o sebi da misle.
Ali, povratak kući džepova praznih,
liči, veoma, na šunjanje mačke pokisle.

U IME KOSOVA

U ime najsvetije reči
i zemlje srpske Kosova,
poodavno razigrasmo kolce
krvavo, ekipa i ja, pogleda
rozrokih i krivih noseva.
Budzašto pokupismo potom
svo narodno blago, javnosti
prodajući uvek par istih
farisejsko-patriotskih
štosova, marljivo napunivši
privatne trezore i banke,
daleko od zapaljenog rodnog
Kosova.
I sada povremeno bubnemo
neki iz naše riznice omiljenih
štosova, jer narod voli
plamen suludi iz razrokih
pogleda, i slatkorečivo
curenje lepka ispod krivih
noseva.

JEDINSTVO I BRATSTVO

Duvan ili duhan – u čemu
je razlika? Razradismo
prethodno ljudske klanice,
da bi se za masovni šverc
stvorila izlika.
Od tada suvereno upravljamo
svojim feudima, krijumčareći
cigarete i nešto pride.
U rezervatima ovdašnjim,
zaslužnim građanima i
rodoljubima odlično ide.
Za neke smo četnici, ustaše
ili balije, no promet ne sme
stati inače pašće vlade.
Malo li je?!
Vladamo pomoću krvavih i
prljavih para, a ako neko
misli da će nam doakati,
grdno se vara.
Suviše smo jaki i svuda nas
ima. Naročito na vrhu bdimo nad
ljudima.
Nasilnički povratak u šovinističko
detinjstvo, izrodio se u
mafijaško bratstvo i jedinstvo.

PROMENE

U kazanu promena varljivih
narodu se kuva krompir vruć.
Kralju u četničkoj pratnji,
tribuni izabrani uručiše
mesijanski ključ.
Pošto onomad popovi podjariše
belaj, prebrojavši istrulele
kosti, sada povazdan javnosti
drže školski čas iz božanske
predanosti.
Šljam krupni i ekstraprofiteri
overavaju diplome iz zločina i
pljački, kao donatori i humanitarni
volonteri.
Večiti saradnici svih režima, hulje
veće i manje, dopunjuju revnosno
poziciji novoj falično kadrovsko
stanje.
Medijski huškači uglavnom ostadoše na
mestima sličnim, kreativni tumači.
Policija će rasvetliti sva ubistva,
kada se imena moćnika iz senke
promeni lista.
Vojska bajna po vrhovnoj odluci,
biće do daljnjeg vojna tajna.
Zato će i narodna masa voleti sve
svoje zlotvore do sudnjeg časa.
Zbog promenjenog svega, populisti u

vlasti na dobrom su putu,
da strmeknu podanike
lakoverne u bestragiju ljutu.

MITSKE RUPE

IZBORI

Do izbora samo nam je stalo,
jer izuzev što smo vični
neimari afera, vladati ne
umemo nimalo. Sabotiramo
stoga partnerovu odluku svaku,
demagoški istupi doneće nam
pobedu laku. Sredstva ne
biramo, obzirom da smo vrlo
zavoleli vlast. Pre no što
smo je probali, ne znadosmo
kakva je slast. Opakim izjavama
šokiramo javnost i bežimo iz
poslaničkih klupa, ma koliko za
narod kampanja ova predizborna,
bila rizična i skupa. Dok smo
tavorili u zapećku, negde po
strani, nismo ni bili svesni
da smo od boga izabrani.
Situacija se naša sada, iz časa
u čas dramatično menja, baza
nam se širi poput odrona kamenja.
Nakupilo se tu doduše svega, ali
ni kod protivnika nije mnogo bolje,
svima nam nedostaje mentalna nega.
Šta li se tek dole na ulicama zbiva,
kad između nas na vrhu ovoliko
besnila pliva. O tome ćemo pak
misliti sutra. Jedino je važno izbore

dobiti, kako bi naša gorela do jutra.
A pitanje, hoće li birač uopšte moći
svakodnevnicu da prevali, već je za nas,
poduže, poslednja rupa na svirali.

PRIMERAK

U naše vreme, vlastitom i okolnim
narodima natovarismo ratno breme.
Dok se oni pozabaviše oko zadate
teme, mi opljačkasmo sve banke,
privredu, državne fondove i iz tla
plodnog zasađeno seme.
Lično bejah zadužen za nabavku
brašna i hleba. Raja u odrpanim
redovima, bezubo mi je klicala u
taktu ruskih romansi: – To majstore,
tako nam treba! – Neke, koji su tada
za pobune imali tri čiste, policijski
korektno obrađene, proglasismo za
izdajice i fašiste. Kada narod i
država propadoše načisto, po gubitku
vlasti mi lopurde zaštitismo se u
bogataškom krugu, statističkim jezikom
nazvanom „od stanovništva tri odsto".
I danas, rado sam viđen svuda, ali me
posebno zanima dijamantna ruda.
Inače, samo još malo vremena trebam,
da se po šefovom prinudnom odlasku,
za stalnog partijskog šefa proglasim,
priliku vrebam.
Manikiran, lakiran i uvek elegantan,
primerak sam nedodirljivosti sistemskih
gnjida eklatantan.

OSTVARENI SNOVI

U kraju svom navukoh na gudro[1]
tinejdžersku raju. Roditelji ne
znaju šta im se sa decom dešava,
da narko diler njihovom potomstvu
kroz venu sudbinu rešava.
Po ulicama susednim na dilovanju
zaposlih omladinsku grupu. Potražnja
raste hitro. Zato paketiće horsa[2]
štekujem i u džipovom trupu.
Zasad sam „Rendžera"[3] stekao tri,
no biće ih još, jer histerija za
dopom[4] u gradu vri. Zbog heroinskog
biznisa budnog me stiže mnoga zora.
U nedostatku robe dečici umiksam
mišomora. U moje kafiće, picerije i
kladionice, stižu dokoličari sve mlađi,
što je za promet „ekstazija" i „sličica"[5]
super, prihodi to su najslađi!
Inače, komšije se bogatstvu mom dive.
Kažu da nije im jasno, od čega i kako
će da prežive. Takve probleme naravno
nemam. Podmladak narkomanski stalno
regrutujem i, kad stignem, na Sejšelima

---
[1] droga
[2] heroin
[3] džip
[4] droga
[5] LSD

dremam. Ukoliko bi neke protuve htele
da me olovom zavare, umreće u neznanju,
s obzirom da imam „plave" čuvare.
Nisam se tridesetom letu primakao, a u
karijeri poslovnoj zavidno sam odmakao.
Ostvarih sve što sam u snovima mogao da
poželim. Lično blagostanje s porodicom
delim.

IZUM

Na Mundijalu prvaci bivši pri
koraku prvom, nestaše u padu.
Ovde, u nadmetanju sa samima sobom,
osnovasmo vladu u senkinom hladu.
Tako ćemo objediniti titule nosilaca
vlasti, bivših i budućih šampiona.
Narod će slaviti izum šizofreni na
sva trbušna zvona. Kao gledaoci –
taoci u bunilu će gutati semenke,
iščekujući spasonosne poteze iz senke.
Preporuka za to je učinak samog vrha
savezne posade. Sličnom metodom, uz
tutorstvo uvešćemo i republičku barku
u luku spokoja i dosade.
Politički otac naš zbog štetočinstva
sinova, sede kose javno čupa, ali to
omesti nas neće, da povedemo narod u
mrak nacionalnih zabluda i mitskih
rupa.
U smišljanju izvornih ideja sve nam bolje
ide, te zašto ne bismo imali republičku
vladu pride.
Dodatno ćemo time aktivirati značajne
resurse naše sive mase, a građanstvo će
grcati u izobilju, zgranuto poštenjem i
skromnošću, što jedino nas od pamtiveka
krase.

ZATO

Pričam ti o tome batke,
da i dalje državna pitanja
rešavamo kao jednopartijske
zadatke, po direktivi stranačkog
šefa, predsednika našeg ili
premijera, u kafančetu kod Đoke
Trefa.
Potom u kabinetima vladalačkim,
privredničkim i inim -čkim
mladalački pocupkujemo i, zdušno
se uzajamno prisluškujemo.
Zato su fioke naše stranke pune
dojava i otvorenih dosijea o pratnji,
po uzoru na personalne banke, a pod
slovom „š" vodimo rubriku o narodnoj
patnji.
Zato smo preuzeli tračerski rečnik iz
te-ve sapunica. Poziv naš definitivno
nije delatnost moralnih čistunaca.
Zato se, između ostalog, okupljamo
noću oko Kuma, dok specijalci napolju
drežde, da nam neko ne bi nešto podmetnuo
ispod limuzininih guma.
Zato je nadglasavanje glavni naš naslov
radni. O glavama jedni drugima stalno
radimo kao u obračunima besprizornih
bandi.

Zato je moguće i verovatno da sa našeg
međustranačkog poprišta, glasačima
prevarenim pripadne veliko ništa.

DOTERIVANJE FASADA

MIDER

Tipičan sam brale,
palanački lider.
Pred pametnijima na
prste se istežem, makar
pukao kao mider.
Politička alavost raste
mi kao testo. Od svih sam
u svemu bolji, tesno mi je
svako mesto.
Rečju poganom rušim i
udaram koga bilo kao
maljem.
Pred jačim zatežem uzde,
dok me ne proglase
kraljem.
Ako budem zajahao
prestonički
presto, odande mnogi
pominjaće
palanku, koju svuda
nosim
u žbirovskom opanku.
Probijam se potuljeno, ili
kročim bahato i smelo.
Ka vrhu me guraju fanovi
zavičajni i, mojoj
malenkosti
slično glasačko telo.

U KANALU

Srbija nije bila u ratu, i pošto
je sačuvasmo, evo godinama, u uličnim
i inim sačekušama u to ime vršimo rafalnu
naplatu. Ne zanima nas dužničko poreklo
imovine, osim prava surovijeg na podzemnom
braniku domovine. Da li su u pitanju: droga,
roblje, duvan ili oružje, i ko su tipovani
tajkuni, bitno nije, tek, mi ne dopuštamo
da ostanu neizmireni računi. Bilo ko da je
ušao s nama u kombinaciju, mora cupkati po
notama našim ili je viđen za likvidaciju.
Ako je bratac pomislio da iz kola krvavog
može iskočiti lasno, precenio se prilično,
jer, čim je zaigrao za njega beše kasno.
Političarsku žvaku za naivne civile o
bespoštednoj borbi protiv kriminala,
ispraćamo s grohotom iz bezbrojnih pacovskih
kanala. Jazbine naše ne samo što poniru u
dubinu, nego streme i k nebu u moćnu visinu.
Neki pisac budući istorijskih anala, na koraku
svakom upadaće u iskopine ovih kanala, kao u
svedočanstvo o vremenu glodarskom, u kojem
Srbija nije ratovala.

POBEDNICI

Probrane dame i gospoda u strasnoj
(ko) misiji – promene naziva ulica -
prisećaju se dragih im četničkih
predaka, u zemlji i šire, po
dobročinstvu poznatih vojvoda.
Sa žaljenjem doznajemo tek sada,
da su četnici pobedili u svetskom
ratu, čineći to iz ljubavi prema
narodu, ni za kakvu platu.
Takođe su tada, dične naše preteče
hipi pokreta, kukavne partizane
sabile u mišju rupu.
Ali odurni saveznici inostrani,
proleterima su pritekli u pomoć,
te ovi, da im ni ime ne pominjemo,
izrastoše kobajagi u
narodnooslobodilačku trupu.
Pravde napokon ipak ima, otkako
su izumrli partizani.
Uprkos svim porazima u potonjim
ratovima, četnici osvanuše kao
istorijski pobednici u uličnim
nazivima.

PATNJA I BOL

Pre promena, zbog roktanja
našeg medijskog, vražići
u paklu su se sramili
učinka skromnog svog.
Zemljina utroba progutala
je nevine ljude mnoge,
sa neba je utekao bog.
Posle promena, od straha
se sledismo pred pitanjem,
koliko li će sada nas da boli,
jer proizvođače tuđe ljudske
nesreće, kao što smo mi,
jedino antihrist voli.
Srećom, promene se uglavnom
tiču doterivanja fasada,
što nam se mnogo dopada.
Sve vreme, pijanim molerima
spoljni naručilac radova
preti, kumi ih i moli, a
mi one koje smo do juče
gazili, bezobrazno
sudu tužakamo za pretrpljene
patnje i duševne boli.

PISMO

Iz daleka stiglo nam je
pismo, u kom gazda piše,
da bez njega ni za šta
nismo, te da ne voli nas više.
Stoga, on je, veli, kao
zamenu odabrao aduta,
vojvodu Bananka, za
svaštočinstva uvek
pripravnog regruta.
Sve bitke su, priseća se
setno, njih dvojica skupa
pukli, ali briga ih je baš,
narod naš to ljubi, iako
tad mnogi žive glave nisu
izvukli.
More, ko te pita za tuđe
glave, nas je satrlo
njegovo zatvorsko pismo.
Znači li to da smo postali
siročići, ili će nas očuh
prigrliti, pa da opet
zajedno pravimo štetu,
jer za drugo zaista nismo.

OGLAS

Putem ovim oglašavamo
najljubazniju molbu,
počiniteljima ubistava
i otmica da nam se jave,
jer zbog stalne kampanje
predizborne ne znamo gde
su nam glave.
Upakovane fino predsedničke
kandidate, šaljemo biračima,
franco: od vrata do vrata,
i uopšte čudno nije što ih
ima kao blata, u predelima
ovakvim, gde je za mnoge
trudbenike mislena imenica
plata.
Vrlo je važno pak, što mi
posedujemo znanje, da uputimo
kandidate kao spasioce narodne
na svako ubogo imanje.
A, zaborav ljudski brzo sve
briše, dok istorija samo o
pobedniku među kandidatima
predsedničkim piše.

REČ I SLIKA

U slici i reči, izbori
za predsednika od života
su nam preči.
Svi kandidati na javnoj
sceni, vežbaju skupa
životno – političku školu
od đačkog doba, da bi našu
praznu potrošačku korpu
zasenila još jedna u nizu
prelomna izborna borba.
Tad, životi će nam, vele,
ako njih baš izaberemo,
biti neuporedivo bolji.
Pa ćemo postati u svemu naj
na Balkanu po vlastitoj volji.
Doktori pak kažu, da smo se
masovno odali drogi, jer već
predugo živimo u bajci o
Babarogi.
Zato smo u dilemi: da li
ikoga izabrati, ili im svima
uskratiti glas, i u prirodi
negde, glavom bez obzira
konačno potražiti spas.
Možda je bolje brati travke
i cveće, nego da se u njihovoj
reči i slici ponašamo kao
duševni bolesnici.

U MAGAREĆOJ KLUPI

Da pod hitno zajedničku sastavimo
državu, zajahali nas bre,
inostranci.
Ali, mi volimo više da muljamo
kao glumci u Kazablanci.
Povrh svega, jasno nam nije,
kakvi će joj biti temelji, kada
pre gradnje polomismo sva pera na
Ustavnoj povelji.
Da smo obični ljudi, možda bi se
nešto i uradilo, bog s nama budi,
makar bili kvarni ili ludi.
Ovako, pošto smo ispali iz dva oka
u glavi mi, političari, vodimo
računa pre svega o sopstvenom ćaru
i slavi.
Iz razloga tog, spoljnjem svetu
izgledamo mali, sujetni i glupi,
jer uporno nastavljamo tradiciju
u balkansko-političkoj
magarećoj klupi.

SIMBOLI I SIGNALI VESKA IVANOVIĆA

Jer
osim u oblake
van života ovog
zbilja se nema kud

V. Ivanović: *Ljubav u zasedi*

Knjigom *Kriv je oktobar* novom, u već bogatom vencu metafora koje tragaju za smislom V. Ivanović je po mnogo čemu nov. Još od knjige *Zlograd* iz 1996. ta potraga za novinom traje uistinu intenzivno. U promenjenom polju senzabiliteta, s promenjenim vidom metafore i rasporedom simbola on gradi sumu znakova sa otvorenim značenjima koji potvrđuju sigurno dozreli talenat u krugu mlade srpske poezije. Ovoga puta on iskoračuje iz znanog meditativnog kruga ka nečem što je svojevrsna „misija". Najpre se to vidi po ulozi koju u ovom pevanju dobija lirski subjekat. I tu je srž novine. Naime, relativno lako se čitaju znaci-simboli ali se oni razrastaju i rascvetavaju u nova značenja. Nagnut nad mučnine i teskobe naše svakodnevice Ivanović peva o „koljačima po kućama", o zemlji „masovnih humki" i ljudima u vremenu-nevremenu. O sebi i nama. U tom svetu večne palanke koja svoju tradiciju kultno neguje „u balkanskoj-političkoj magarećoj klupi" Ivanović gradi novu metaforu koja prkosi svetu palanke. I iza sjaja ovih ovako nađenih metafora prosijava zrela svest čoveka-građanina koji se tom svetu opire – opire se tako što ga ironijski nadilazi. Ove su metafore sazdane od banalnog političkog palanačkog novogovora i dahom pesničkim date na originalan način. Malo je ko pre Ivanovića od takvog „materijala" gradio metaforu, i malo je ko – to je još veća novina – gradio ovako uspelu poeziju. Sve je podređeno onom ironijskom stavu pesničkog lirskog subjekta koji se iskazuje kao uspela stvaralačka „igra". To je pesnički nadahnuta „igra" koja se obistinjuje kao groteska jedne stvarnosti i kao poezija i istina pesnika koji je našao sebe u punoj meri. U svakom slučaju ta je nova Ivanovićeva metafora rečitija i smisleno bogatija od onog rabljenog – pa i banalizovanog – obrasca angažovane poezije svima dosadnog našeg večnog „ćeranja" koja je poodavno ostala bez autentičnog pesničkog smisla i daha. Neke pesme – recimo Bekrija – tu snagu simbola suvereno nameću i sigurno je da će ostati u antologijama.

Izgraditi originalnu metaforu na ovakvom „materijalu" je znak i pečat trajanja koji ovoj poeziji pripadaju.

Rečju koja je često „pozajmljena" ali semantički originalno obogaćena, znakom koji se lako uočava Ivanović gradi sistem značenja koji je i nov i izazovan. Trag koji je Ivanović ostavio je zapažen i ovom knjigom je potvrđen. Ime V. Ivanovića ne treba tek zapamtiti – ono je zapamćeno – treba slediti njegovu sumu simbola i signala koji bude nadu i opomenu u ovim sumornim vremenima. *Kriv je oktobar* je poezija za duhovno budne, za one koji ne posustaju u svom čuđenju i divljenju pred svetom i čovekom. I za one neprobuđene kojima će ovi signali biti zov i izazov. Ta novina je znak poezije i istine Veska Ivanovića.

Mirko Đorđević

BELEŠKA O PISCU

Vesko Ivanović je do sada objavio zbirke pesama: *Zlograd, Iberales, Obale,* i *Ljubav u zasedi,* u IP „Rad", i *Yunojmenš* u IP „Partenon"

Živi s porodicom u Beogradu.

SADRŽAJ

MORZEOVA ĆIRILICA

Tačno u podne 9
Vesela budućnost 10
U centrifugi 11
„Čiroki" i indijanci 12
Demokra ti i ja 14
Bekrija 15
Mesarica 16

PROTEKTORAT

Vlasti s-klon 19
Navijač 20
Putna hronika 21
Kratki dah 23
U ime Kosova 24
Jedinstvo i bratstvo 25
Promene 26

MITSKE RUPE

Izbori 31
Primerak 33
Ostvareni snovi 34
Izum 36
Zato 37

DOTERIVANJE FASADA

Mider 41
U kanalu 42

Pobednici 43
Patnja i bol 44
Pismo 45
Oglas 46
Reč i slika 47
U magarećoj klupi 48

Mirko Đorđević: *Simboli i signali Veska Ivanovića* .. 49

Vesko Ivanović
KRIV JE OKTOBAR

*

Glavni urednik
NOVICA TADIĆ

*

Recenzent
MIRKO ĐORĐEVIĆ

*

Lektor i korektor
MIROSLAVA STOJKOVIĆ

*

Priprema teksta
Grafički studio RAD

*

Izdavač
IP RAD
Beograd, Dečanska 12

*

Za izdavača
SIMON SIMONOVIĆ

*

Štampa
SPRINT,
Beograd

Tiraž 300

CIP – Каталогизација у публикацији
Народна библиотека Србије, Београд

821.163.41-14

ИВАНОВИЋ, Веско

    Kriv je oktobar : pesme / Vesko Ivanović. – Beograd : Rad, 2003 (Beograd : Sprint). – 56 str. ; 20 cm. – (Satirikon)

Tiraž 300. – Beleška o piscu: str. 51.

ISBN 86-09-00817-7

COBISS.SR-ID 106710540

Štampanje ovo knjige pomogao je
UNIGLOBAL
Beograd

www.ingramcontent.com/pod-product-compliance
Lightning Source LLC
Chambersburg PA
CBHW071757040426
42446CB00012B/2602